DARGAUD ⊛ EDITEUR

PARIS • BARCELONE • LAUSANNE • LONDRES • MILAN • MONTREAL • NEW YORK • STUTTGART

© **DARGAUD EDITEUR 1974**
Tous droits de traduction, de reproduction et d'adaptation strictement
réservés pour tous pays.
Dépôt légal Juin 1983 N° 3386
I S B N 2-205-00753-X
Imprimé en Italie Avril 1983 par F.lli Pagano S.p.A. - Campomorone-(GENOVA)
Loi N° 49956 du 16 juillet 1949 sur les publications destinées à la Jeunesse.

IL CONTIENT LA LENTILLE DE CETTE LUNETTE QUI N'EN EST PAS ENCORE POURVUE, IMBÉCILE.

CAS RATÉ

...ET POURQUOI CE MYSTÉRIEUX ENTRAÎNEMENT DOIT-IL S'ACCOMPLIR AU FOND DE L'EXTRÉMITÉ D'UN ÉCART AUSSI ÉLOIGNÉ, TALON ?

PARCE QU'EN VILLE, ÇA CRÉERAIT DES ATTROUPEMENTS INCOMPATIBLES AVEC LE RECUEILLEMENT QUI M'EST NÉCESSAIRE.

LES GENS M'ACCLAMERAIENT, ON ME PORTERAIT EN TRIOMPHE, ON ME FERAIT SIGNER DES CONTRATS... ÇA LASSE, TOUT ÇA, ÇA LASSE...

D'UN AUTRE CÔTÉ, SAIT-ON JAMAIS ? L'UN OU L'AUTRE PETIT ESPRIT POURRAIT METTRE MES PERFORMANCES EN DOUTE. C'EST POUR ÇA QUE J'AI TOUT DE MÊME BESOIN D'UN TÉMOIN TROP BÊTE POUR MENTIR...

AH ? ET VOUS COMPTEZ LE TROUVER SUR PLACE ?

HUM, OUI, BON, VOICI UN ENDROIT ASSEZ PROPICE. DONC, LEFUNESTE, JE ME RÉSUME: MULTIPLIANT MA FORCE NATURELLE PAR UNE EXTRAORDINAIRE DISCIPLINE SPIRITUELLE, JE VAIS VOUS MONTRER COMMENT ON ASSOMME UN BŒUF...

CE QUE J'APPRÉCIE CHEZ VOUS, C'EST QUE VOUS NE VOUS ATTACHEZ QU'À DES DE LA VIE AMÉLIORATIONS PRATIQUES QUOTIDIENNE...

POUR VULGARISER, DISONS QUE MA MÉTHODE N'EST PAS SANS AFFINITÉS PSYCHOLOGICOSENSORIELLES AVEC LE KARATÉ, VOCALEMENT ET MUSCULAIREMENT...

AH OUI. ON HURLE ET ON TAPE...

EXÉCUTÉ PAR UN MAÎTRE, ÇA FASCINE ET ÇA ÉMIETTE. POURCENTAGE D'ÉCHEC : ZÉRO.

VOILÀ. ALORS LÀ, ICI, MMMMMHHH JE ME CONCEENENNENENENEntre

'TENTION DERRIÈRE.

HHHHHinspiration EXPIIIIIIIIIIIIIIIIRATION

HOP

GGHH.

ZOUP LÀ.

GNIGNIGNIGNI JE M'EMPLIS DE FLUX. ÇA CHATOUILLE MAIS BASTE IL FAUT CE QU'IL FAUT.

...ALORS, SPECTACLE SIDÉRANT, JE...

BEN NON.

AH. LE TÉMOIN BÊTE, SANS DOUTE...

COMMENT ÇA, BEN NON ?

BEN NON COMME J'AI L'HONNEUR DE VOUS L'EXPRIMER VU QUE VOUS ALLEZ FOUTRE LE CAMP DE MA PÂTURE, MON BON MONSIEUR.

BEN NON COMME ÇA.

EH OUI.

367A

GIBOULÉES TARDIVISSIMES ET CONTRE-ATTAQUE VIOLENTE DU VERGLAS QUI N'ADMET PAS SA DÉFAITE! VILLES ET CAMPAGNES SONT DEPUIS CE MATIN TRANSFORMÉES EN PATINOIRES ET POSTÉRIEUREMENT, ON SIGNALE UN ENCOMBREMENT GÉNÉRAL DES HÔPITAUX...

TESS

NOUS NE SAURIONS DONC ASSEZ RECOMMANDER LA PRUDENCE À TOUS CEUX QUI DOIVENT MALGRÉ TOUT SE RENDRE À LEUR TRAVAIL. MÊME SI VOUS ÊTES PRESSÉ, NE COUREZ PAS, AÏE. ITINÉRAIRES RECOMMANDÉS: NÉANT...

SILENCE

BING

PARTOUT, C'EST LE DÉRAPAGE GARANTI SANS CONTRÔLE, LA JAVA DU PATIN DE FREIN, LE CARNAVAL DU JOYEUX TAMPON, LE FESTIVAL DU DISQUE D'EMBRAYAGE ET LE CATASTCHOC DES CAROSSERIES...

YOUPLA

ZIP

DONG

...PARTOUT, SAUF, MIRACLE! DANS UNE SEULE ARTÈRE DE LA VILLE, LA RUE D'ANLAY-BRANCAR, AU COIN DE L'AVENUE DU MESSIE, OÙ **TOUT VA PRODIGIEUSEMENT BIEN!**

ON CROIT RÊVER!

SI.

LA RUMEUR PRÉTEND FRÉNÉTIQUEMENT QUE CE SERAIT LÀ L'ŒUVRE D'UN PRODIGIEUX FRANÇAIS MOYEN COMME IL Y EN A TANT, MONSIEUR TALON, ACHILLE, VAINQUEUR DU VERGLAS PAR UNE SIMPLE VAPORISATION CHIMIQUE QUI VA, N'EN DOUTONS PAS, INONDER BIENTÔT LA TERRE ENTIÈRE...

BEN VOYONS.

BOF! UN SIMPLE ENDUIT PROTECTEUR IMPERMÉABSOLIDÉALÉPREUVE DE TOUT. VOUS POUVEZ Y ALLER, ÇA TIENT! HOP!

LA LÉGION! MÊME L'ÉTRANGÈRE! LES PALMES! QUE DIS-JE? LE PINGOUIN TOUT ENTIER!

INOUÏ!

GRANDIOSE!

UNE ADHÉRENCE TOTALE! AVEC ÇA, ON VA COLLER LES AMÉRICAINS!

AU MARBRE, COCO! C'EST TOUT CHAUD!

GÉNIAL!

PRESSE

LE FIXCHARIO

RTfffH

CETTE VACHE DE VEAU DOUX

MOI M'INTÉRESSER CAS FASCINANT PARCE QUE RÉSULTATS OBTENUS PAR ENVOÛTEUR SOURNOIS ET DISSIMULÉ DÉPASSER TOUT CE QUE MOI DÉJÀ VU DANS LONGUE CARRIÈRE PROFESSIONNELLE DONT JE M'HONORE.

NOUS REPÉRER ADVERSAIRE SUR CARTE D'ÉTAT-MAJOR ET FAIRE VISITE SURPRISE.

LUI DISPOSER MATÉRIEL SUPÉRIEUR QUE MOI CURIEUX DE VOIR.

FAUT DU SUPER POUR TÉLÉPATHIQUER DES GOUZIGOUS COMME ÇA.

OUAIS BAÏONNETTE AU CANON.

DE PLUS EN PLUS PRODIGIEUX. MOI SERAI TRÈS FIER RENCONTRER COLLÈGUE EUROPÉEN CAPABLE HAINE PAREILLE. LUI RECORDMAN TOUTES CATÉGORIES. SCIENCE VAUDOU ET PLAISANTERIES ASSIMILÉES.

LUI AUSSI TRÈS PROCHAINEMENT RECORDMAN TROU-TROUS VENTILATION DANS LE BEDON JOLI, QUAND JE L'AURAI DANS MA MIRE!

PAS PLAISANTER, VOUS CUISTRE. AVOIR GRAND RESPECT POUR TECHNIQUE PAREILLE. GRAND SORCIER, ÇA! TRÈS GRAND!

...MAGNÉTISME FORCE AHURISSANTE, MOI JAMAIS VU ÇA, INCROYABLE POUVOIR LANCER MALÉFICES PAREILS QUAND ON PENSE SEULEMENT PETITES ÉPINGLES PIQUÉES DANS MINUSCULE POUPÉE EFFIGIE VICTIME!

370B

9

ALORS LA' MES ENFANTS C'EST TRÈS SIMPLE. CE QUE JE VEUX, POUR CE DOCUMENTAIRE SUR LA VIE SECRÈTE D'UNE GRANDE BRASSERIE, C'EST DU VÉCU! DU TRAUMATISANT! DE L'ARRACHÉ!... EN UN MOT, FAITES-MOI UN PEU MOUSSER ÇA!...

JE RÉSUME L'ACTION: UN CONSOMMATEUR MOYEN, PRIS AU HASARD, VISITE LA DISTILLERIE ET S'EXTASIE. PANO SUR LES CUVES ÉTINCELANTES, TRAVELLING SUR LA BIÈRE MORDORÉE, ZOOM SUR L'OEIL MOUILLÉ DE JOIE DU DÉGUSTATEUR...

FLASH BACK

CONTRE-CHAMP.

ET TOUT ÇA.

J'AIME.

LA CAMÉRA PIVOTE! L'HOMME, RÉVÉLÉ A LUI-MÊME DANS SON EGO TRANSCENDANTAL, EST AGITÉ DE FRISSONS! EFFET DE PROJO! FLOU! NÉGATIF! CUT! FONDU SUR SA MAIN TREMBLANTE APPROCHANT UNE CHOPINE... VA-T-IL PUISER? OUI? NON? RRÄÄH! VA-T-IL?...

A' VRAI DIRE, LA' LE SUSPENSE M' ÉCHAPPE UN PEU...

ACTION! MOTEUR! PARTEZ!

VR. CLOP

AH, BEN NON, ALORS.

'L'A ENCORE PÉTÉ, TIENS. 'L'AVAIS DIT, MOI, QU'Y FALLAIT PAS RACHETER DU MATÉRIEL A' SERGIO LEONE! FAIT CREVER SES CHEVAUX, CE GARS-LA'. PAF PAF PAF ET VOILA' A' QUOI ON ARRIVE.

TSS

MAIS C'EST ÉPOUVANTABLE! LA PRODUCTION!... LES BANQUES!... L'HORAIRE!... IL FAUT RÉPARER TOUT DE SUITE, QUE TOUT LE MONDE S'Y METTE!

À MON AVIS, C'EST LE DISJONCTEUR QUI A PERCUTÉ LE PALTOQUET DE LA TIRECOLEUSE...

MMMEUEU NON! C'EST UN COURT-JUS DANS LE COLIBRATEUR, ÇA SAUTE AUX YEUX.

FAUDRAIT UNE CYCLOTROMBINE DE RECHANGE!

ET SI ON BRANCHAIT L'ECTOBUL SUR LE FIL DES ROTABIDONS?

PASSEZ-MOI LE VIRLOGRATTEUR ET UN BOUT DE TENIAMORPOL IGNIFUGE... ÇA VA S'ARRANGER, QUOI, ÇA VA S'ARRANGER! C'TE PANIQUE!

VIIITE! NOUS PERDONS DE L'OR À PLEINS JETS!

BEN VOILÀ. COMME NEUVE, EN 84...

VOUS NE TROUVEZ PAS QU'ELLE FAIT UN DRÔLE DE BRUIT?

ÇA NE FAIT RIEN! ÇA NE FAIT RIEN! ON TOURNE!

BEN NON.

OU ALORS...

... FAUDRAIT CHANGER UN PEU CE SCÉNARIO, PAR EXEMPLE EN RETOURNANT LES GRAPHIQUES EXPLICATIFS ET EN FAISANT UN TRUC SUR L'ARIDITÉ DES IMMENSITÉS DESERTIQUES...

AUSSI SEC...

BEN GNITES DONC LES GNENFANTS QU'EST-CE QUE ÇA GNONNE CHAUD TOUS CES GNUNLIGHTS ET CES SPo OOoO-TTs. GN'AURAIS BIEN COMME UNE PETITE GNOIF, MOI...

Y A UNE BUVETTE, PAR GNLA'?...

BROF!

MACHIN PENSÉ...

...ET SUR UN DERNIER SOURIRE DE NOTRE MERVEILLEUSE FÉE JOSYANE ET DE SON INVITÉ DU JOUR LE VAUTOUR DES GLACES ALPHONSE, NOUS TERMINONS ICI NOTRE ÉMISSION TANT ATTENDUE "QUI N'AIME PAS LES BÊTES N'AIME PAS LES GENS". — À LA SEMAINE PROCHAINE, JOSYANE AMIE. AU REVOIR, ALPHONSE. AU REVOIR, CHÈRES BÊTES ET GENS.

BOF.

SNIF.

JEUDI, JOSYANE ACCUEILLERA EN STUDIO PHILIBERT, L'OURS KODIAK DES GALAPAGOS.

KWÄRK

CETTE PETITE JOSYANE EST MERVEILLEUSE. LES ANIMAUX L'AIMENT, ELLE PARVIENT À FLATTER UNE HUÎTRE COMME UN SERPENT DANS LE SENS DU POIL, ET DU DROMADAIRE À L'ÉLÉPHANT, IL N'Y EN À PAS UN QUI N'OUBLIE SES INSTINCTS CARNASSIERS POUR VENIR SE PELOTONNER SUR SON ÉPAULE.

CETTE FILLE A UN DON.

UN DON. **OUOUUUÄRF.**

C'EST À LA PORTÉE DU PREMIER IMBÉCILE VENU, OUI. MOI, JE POURRAIS QUAND JE VEUX.

APFFT

BROHHF.

ET VOICI UNE COMMUNIC... GOUVERNEMEN... QUI — CLOP

CLOP

AAAAH, LÀ, VOUS ME PERMETTREZ DE NE PAS ÊTRE D'ACCORD, CHER AMI. CETTE JEUNE PERSONNE ME PARAÎT EN EFFET POSSÉDER DE REMARQUABLES APTITUDES. NE FAIT PAS PERCHER UN VAUTOUR SUR SON ÉPAULE QUI VEUT...

ET MOI JE DIS QU'IL SUFFIT D'UN MINIMUM D'ENTRAÎNEMENT ET QUE JE PARIE CE QU'ON VEUT QUE N'IMPORTE QUI PEUT Y ARRIVER, MONSIEUR L'OUTRECUIDANT !

CHICHILLE, TU ES VIF.

375A

ET APRÈS LA TV LA MERVEILLEUSE **JOSYANE** utilise le bon déodorant **STINK**

JE RELÈVE LE PARI ! MÊME EN VOUS ENTRAÎNANT SIX MOIS, VOUS N'ARRIVEREZ PAS À ÉGALER LE TALENT DE CETTE PRÉSENTATRICE !

CONCLU ! JE ME PROCURE DE CE PAS MON SUJET, D'UNE RACE EXCLUANT TOUTE COMPLAISANCE, ET DANS SIX MOIS, JE PASSE À LA TV, TRUC DE L'ÉPAULE COMPRIS !

Vincent Poursan ANIMAUX EXOTIQUES

FAITES COMME JOSYANE ! AYEZ UN FAUVE FAMILIER

C'EST **ÇA**, LA BÊTE FAUVE ? TRICHEUR! UN PETIT SINGE COMME ÇA MONTERAIT D'INSTINCT N'IMPORTE OÙ, IL VOUS SUFFIT D'UNE BANANE BIEN PLACÉE, ET...

LEFUNESTE, JE VOUS EN PRIE!

CE N'EST QU'UN BÉBÉ. EN SIX MOIS, IL GRANDIRA, LE MARCHAND ME L'A CERTIFIÉ. ET À CE MOMENT-LÀ, JE L'AURAI PATIEMMENT DRESSÉ, ET NOUS FERONS NOTRE NUMÉRO DE L'ÉPAULE DEVANT LES FOULES SIDÉRÉES COMME CONVENU.

SI CET AVORTON DOUBLE DE TAILLE, ÇA VA. MOI, JE DOUBLE L'ENJEU!

LE TRAVAIL TITANESQUE ET INLASSABLE QUI SUIVIT FUT TELLEMENT ÉPROUVANT QUE NOUS RENONÇONS À VOUS EN INFLIGER LE SPECTACLE. D'ABORD, CE GENRE D'ÉDUCATION NÉCESSITE DE FASTIDIEUSES RÉPÉTITIONS, ET VOUS NE POUVEZ PAS SAVOIR CE QUE ÇA PEUT NOUS CASSER LES PIEDS DE RÉPÉTER LES MÊMES CHOSES UN GRAND NOMBRE DE FOIS; C'EST ÉTONNANT COMME IL Y A DES GENS QUI S'Y HABITUENT TRÈS BIEN, COMME CE MONSIEUR À LA RÉDACTION DU JOURNAL QUI NE SE FATIGUE JAMAIS DE NOUS PARLER DE NOTRE RETARD, IL EST VRAI QUE LUI, IL N'A PAS BESOIN DE NOUS FAIRE UN PETIT DESSIN. BREF, ACHILLE TALON SE CLOÎTRA CENT QUATRE-VINGTS JOURS **ET**

GAGNA SON PARI!

C'EST PAS VRAI! JE REFUSE DE PAYER!...

CE N'ÉTAIT PAS COMME ÇA QUE C'ÉTAIT CONVENU, LA PRÉSENTATION SUR L'ÉPAULE! **PAS COMME ÇA!**

LAID JEU BIEN DESCENDU ?

ÉCOUTEZ ÇA !! C'EST UNE PETITE ANNONCE QUE JE DÉCOUVRE ABRUPTEMENT ICI, PAF, COMME ÇA, SANS PRÉMÉDITATION, DANS LA DEMI-PAGE INTELLECTUELLE DE "LA DÉTONATION VESPÉRALE": Importante société de production cinématographique avide de vérité vécue, embaberait tout de go **GROUPE FAMILIAL** comprenant au moins une mère très maternelle, un père jovial et attendrissant, parents d'un sujet rose et frais, oeil clair, personnalité attirant la sympathie, surtout pas cra-cra chevelu...

...Le groupe pourra utilement comprendre de surcroît un élément vilain, du type sournois agressif, pour rôle psychologiquement désagréable...

UN AMI PEUT PARFAITEMENT CONVENIR...

...Téléphoner d'urgence à S.M.E., six-sept-un-zéro-sept-un-zéro.
CETTE ANNONCE A ÉTÉ ÉCRITE POUR NOUS !

À CERTAINES NUANCES PRÈS.

DIRAI-JE.

ALLO, SME ? ICI TALON. ACHILLE. POUR VOTRE PETIT FILM, CESSEZ DE VOUS EN FAIRE, NOUS SOMMES LÀ. PAPA, MAMAN, L'ABOMINABLE ET MOI.

HOP
SI!

SI VOUS PENSER POUVOIRR CORRRESPONDRRRE DESCRRIPTION, JE D'ACCORRRD ESSAI TENTER, TALONACHY. MAIS MALÉDICTION SUR MA TÊTE SOTTE, J'AI UN DÉTAIL OUBLIÉ DANS ANNONCE...

QUOI DONC, CHER ARTISTE ?

SAVEZ-VOUS VÉHICULE TANTINET DÉMODÉ CONDUIRRE À CAUSE NÉCESSITÉ ABSOLUE RRECONSTITUTION ?

JE N'EN CONNAIS PAS D'AUTRE !

IL NOUS ATTEND À TROIS HEURES !

COMMENT ÇA, BOUDINÉE ? ET MAE WEST, ALORS ? IGNARE !

SI ÇA POUVAIT ÊTRE UN FILM SUR L'ALCOOL ET SES MÉFAITS... TU FERAIS TRÈS BIEN LE MÉFAIT...

BARF.

ENFIN.

ÉVIDEMMENT, VOUS N'ÊTES PROMIS QU'AU RÔLE SUBALTERNE DE COMPARSE ODIEUX, LEFUNESTE... MAIS UN EFFORT DE PRÉSENTATION N'EUT PAS NUI. APRÈS TOUT, SONGEZ QUE VOUS M'ACCOMPAGNEZ...

STUDIOS S.M.E.

STARS ONLY.

JE SENS QUE JE VAIS ÊTRE INOUBLIABLE.

ET GRAVIR LES ÉCHELONS SANS DÉSEMPARER.

L'INSTINCT.

15

OH! LA BELLE!...

ALLEZ, HOP! HEIN! LEFUNESTE? ON Y VA! COMME AU TEMPS DU COLLÈGE QUAND NOUS ÉTIONS ESPIÈGLES! ON LE FAIT? **ON SONNE?**

HOP?

HOP?

ÇA ALORS! LE NOM DU GARS! C'EST ÉCRIT, LÀ: **BOURGEOIS!** ÇA NE S'INVENTE PAS! AH! AH! AH!

ALORS LÀ, IL L'A CHERCHÉ, LÀ! C'EST DIT! BOUM! ON LE TAQUINE!

ON FAIT UNE FARCE À UN SOT QUI HABITE LÀ, ON SONNE À SA PORTE ET PUIS ON VA SE SAUVER, AH AH AH VOUS AVEZ DÛ CONNAÎTRE ÇA AUSSI QUAND VOUS ÉTIEZ GAMIN, HEIN, L'AMI?

J'Y VAIS! JE SONNE!

DINGELING ELING ELING DING

MOI J'AIME BIEN LES FACÉTIES AUSSI, MAIS LÀ JE CROIS BIEN QUE ÇA NE MARCHE PAS, LES GARS: IL SEMBLE QU'IL N'Y AIT PERSONNE À LA MAISON...

AH! AH AH! JE PARIE QUE SI! C'EST COMME AU BON VIEUX TEMPS, TALON: LE BOURGEOIS NOUS A VUS, ON LUI FAIT PEUR!

OUIIIIHIHIHI! ENCORE UN DE CES VIEUX MACHINS QUI SE BARRICADENT DÈS QUE LES JEUNES S'AMUSENT UN PEU! ON CONNAÎT LA MÉTHODE, HEIN, LEFUNESTE? **HOP! LA SÉRÉNADE!**

AH AH AH HI HI HOUH!

399A

LES BOURGEOIS, C'EST COMME Z LES COCHONS, PLUS ÇA DEVIENT VIEUX PLUS ÇA DEVIENT Z BÊTE...

HIHIHOUHA. ON A BEAU DIRE, LES JOIES DE L'ESPRIT SONT TOUT DE MÊME LES PLUS BELLES. A' PART ÇA, LE COPAIN AVAIT RAISON: IL N' ÉTAIT VRAIMENT PAS CHEZ LUI, CE BOURGEOIS GROTESQUE.

HIHI HOUHA.

ÇA NE FAIT RIEN! ON VA RECOMMENCER PLUS LOIN CHEZ UN AUTRE! A'TROIS!... A'PROPOS, C'EST QUOI, TON NOM, VIEUX?

BOURGEOIS. ET ÇA NE M'INTÉRESSE PAS D'ALLER PLUS LOIN A'TROIS PARCE QUE J'HABITE ICI, ÇA C'EST MA CONNETTE!

MA SONNETTE CASSÉE.

FAVEZ-VOUS, LEFUNEFTE, QU'IL Y A PEUT-ÊTRE QUELQUE FOSE DE JUFTE DANS CETTE CHANFON A' PROPOS DE FE QUI FE PAFFE QUAND DES GENS COMME NOUS VIEILLIFFENT LÉVEREMENT?

OUI! POUR CE QUI EST DES PETITES GAMINERIES GENTILLES, CE SERAIT PLUTÔT MIDI SONNÉ!

NON MAIS.

3998

VA PETITE MOUSSE,
LE VENT TE POUSSE...

SNIF?

DE DEUX CHOSES, L'UNE: OU BIEN NOUS ASSISTONS A UNE MIGRATION SUBITE DE PUTOIS ET MA MAISON SE TROUVE SUR LEUR ITINÉRAIRE, OU LEFUNESTE TESTE UN NOUVEAU TABAC SELON SES GOUTS.

DANS LES DEUX CAS, L'ATTENTAT OLFACTIF A DE QUOI FAIRE VACILLER LA RAISON.

TOUT LE MONDE SUR LE PONT, LA NARINE EST EN GUERRE.

DAMNATION. JE SUBODORE UN DIFFÉREND FAMILIAL.

MUFMUFMUFHHILS A MOIMUFMUF MUFFERMER LA PORTE MUF MUF MUF COURANT D'AIR.

MUF MUF PAS LE TEMPS DE JOUER.

MUF MUF TRAVAIL SÉRIEUX.

JE SENS QU'A DÉFAUT D'OXYGÈNE, IL Y A COMME DU MALENTENDU DANS L'AIR. LA CHIMIE ÉLARGIT PEUT-ÊTRE LES HORIZONS DU GENRE HUMAIN MAIS ÇA NE SE VOIT PAS A CAUSE DU NUAGE.

HURK

BON. ET MAINTENANT, J'ATTENDS UNE EXPLICATION QUI NE SOIT PAS TROP FUMEUSE.

CHICHILLE, C'EST BIEN SIMPLE, JE VIENS DE RÉDUIRE LA VIE CHÈRE EN FUMÉE, IL Y EN A QUI VONT BIENTÔT FAIRE UN DRÔLE DE NEZ!...

GLL

BRRR

POUR UN PRIX DE REVIENT SIDÉRALEMENT NUL, **JE VIENS D'INVENTER LA BIÈRE ARTIFICIELLE, BOUM!**

BLF BROP

SI.

LA VOILA

HOP.

CE LIQUIDE EST VERT ET PESTILENTIEL!

OUI, BOF, IL Y A UN LÉGER REFLET ÉMERAUDE, D'ACCORD...

DU MOMENT QUE ÇA N'ALTÈRE PAS LE DÉSALTÉRANT, HEIN...

HEURP

374A

PROFONDÉMENT ENFOUI DANS L'HUMUS RASSURANT, LE MEURTRIER MACHIN SERA HORS DE PORTÉE DES IMBÉCILES, DES PETITS OISEAUX ET AUTRES VICTIMES DE TOUS POILS.

C'EST BÊTEMENT DIT, MAIS C'EST ASSEZ SAGE...

SURTOUT QUE C'EST UN SYSTÈME À PERCUSSION, ÇA SAUTE AU MOINDRE CHOC...

JE NE VOUS LE FAIS PAS DIRE! CESSEZ DE JOUER AVEC L'APOCALYPSE ET FAISONS DISPARAÎTRE CETTE HORREUR AVANT QUE L'ENVIE NE ME VIENNE DE VOUS PERCUTER VOUS-MÊME, CUISTRE!

OH LÀ LÀ. BON...

VOILÀ. LEFUNESTE, JE SUIS TRÈS ÉMU. NOUS VENONS D'ÉVITER UNE LAIASIROPHE DANTESQUE À TOUT LE PETIT MONDE DE CETTE MAGNIFIQUE FORÊT, À PRÉSENT, CE VILAIN PÉTARD NE FERA PLUS DE MAL.

C'EST MAL REBOUCHÉ, ÇA VA ATTISER LA CURIOSITÉ DU PREMIER ANIMAL VENU ET FOUINEUR BOUM.

VOUS AVEZ RAISON. **TASSONS.**

BAH! AU MOINS COMME ÇA, LEFUNESTE, NOUS SOMMES MAINTENANT SÛRS QUE CE VILAIN PÉTARD NE FERA PLUS DE MAL AU PETIT MONDE DE CETTE MAGNIFIQUE FORÊT!

OUI. BOF...

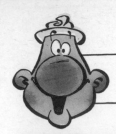

MARCHE A SUIVRE...

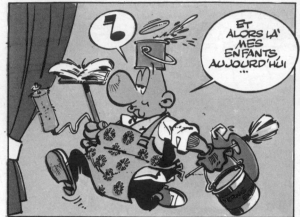

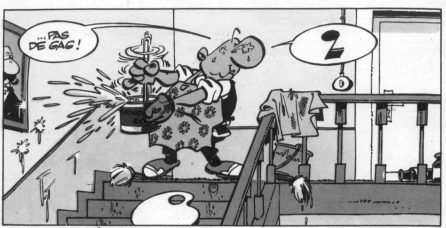

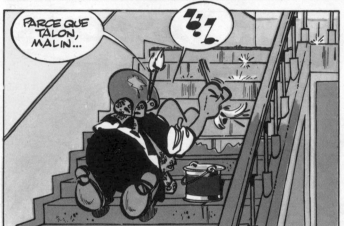

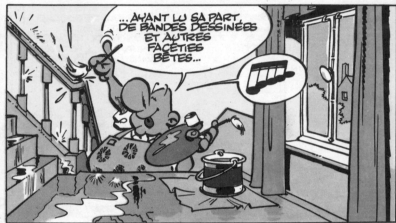

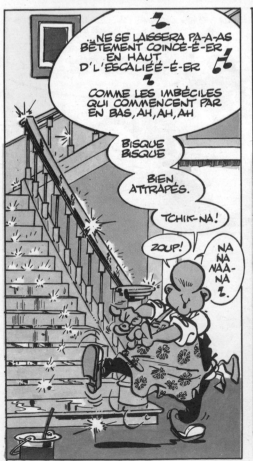

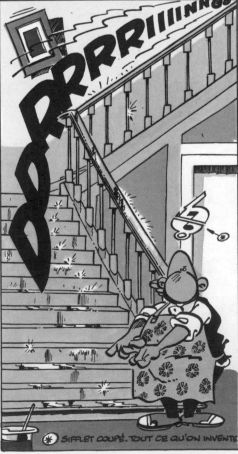

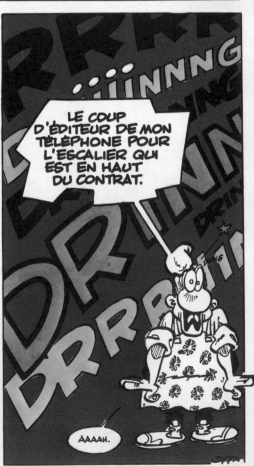

COUP DE TÊTE

AU HILOHI ? LES ENHIHINEURS ? AU HOYEN-ÂHE ?

PARFAITEMENT. RUSTRES, CUISTRES ET PROVOCATEURS D'ULCÈRES COLIQUEUX Y AVAIENT DROIT. SOUS LES LAZZIS ET LES CRACHATS DU PEUPLE.

ON SAVAIT VIVRE, ALORS.

ET LES CHIENS ERRANTS VENAIENT FAIRE PIPI SUR LES CONDAMNÉS.

LEFUNESTE, MON IRREMPLAÇABLE VOISIN ! VOTRE ÉRUDITION ME BOULEVERSE. VOUS NE DITES PAS TOUT ÇA POUR ME FAIRE PLAISIR, AU MOINS ?

?!... J'EN FAIS LE SERMENT. MAIS ÊTES-VOUS SÛR D'AVOIR PARFAITEMENT SUIVI ?

CAR UN DOUTE ME CHATOUILLE

MAIS OUI, MAIS OUI ! LA SEULE CHOSE QUI ME MANQUAIT, C'ÉTAIT LA CAUTION HISTORIQUE, ET VOILÀ QUE VOUS ME L'APPORTEZ ! NOUS ÉTIONS FAITS POUR NOUS ENTENDRE ! **LEFUNESTE, NOTRE VŒU EST AUSSI COMMUN QU'ORIGINAL !**

ET ÇA VOUS REND CONTENT ?

ENTHOUSIASTE ! J'AVAIS BIEN PRESSENTI QUE J'ÉLABORAIS L'INSTRUMENT QU'IMPOSAIENT NOS RELATIONS, MAIS JE NE SAVAIS COMMENT VOUS EN CONVAINCRE. JOIE ! VOUS PRÉCÉDIEZ MA DÉMARCHE ET TOUT S'ARRANGE ! LE CUISTRE, LE PILORI, L'OPPROBRE ET TOUT ÇA. C'EST MERVEILLEUX.

PARCE QU'EN PLUS, IL FAIT DE LA PERVERSION MENTALE.

J'EN AI VU UN COMME ÇA, SUR UNE VIEILLE GRAVURE... ON DISAIT QUE L'HOMME AVAIT ÉCRIT UN LIVRE...

'L'EN A BIEN LA TÊTE, TIENS... TOUS DES AFFREUX !

TIENS ? UN ENQUIQUINEUR AU PILORI... EN REVIENDRAIT-ON AUX BONNES VIEILLES TRADITIONS ?

SI ON N'ÉTAIT PAS SUPPOSÉ LE COUVRIR D'OPPROBRE, JE LE FÉLICITERAIS BIEN...

ON PEUT Y JETER DES PAVÉS, DIS ?

BON, C'EST PAS TOUT ÇA, MAIS IL ME RESTE ENCORE À TRAVAILLER SUR MON MODÈLE ÉJECTABLE POUR PIRATES DE L'AIR...

CUISTRE

...EUX AUSSI, DIT-ON, SONT DÉSAGRÉABLES...

OH ! UN CONDAMNÉ ! ÇA TOMBE BIEN...

25

OH, HÉ, BAH...

AHAHA. LIRE DES CHOSES COMME ÇA AU SEUIL DU XXIᵉᵐᵉ SIÈCLE. ET C'EST QU'ILS Y CROIENT, VOUS SAVEZ, CES BRELOQUANTS DU CLAXIBULE, LÀ ! TOUS DES SOTS, MON BON MONSIEUR. LE TOUTOBOU EN TÊTE !

HOP

C'EST MOI.

C'EST PAS VRAI ?

VOUS DITES C'EST MOI POUR ME LAISSER ENTENDRE QUE C'EST VOUS ?

MAIS VOUS AVEZ L'AIR SÉRIEUX.

NON, MAIS ON REFAIT LES AUTRES. PARCE QUE LA SORCELLERIE, HEIN, HO, HÉ, PFFFFT.

ALLONS.

ET TOUT ÇA.

SI C'EST VRAI

EN QUELQUE SORTE, ET TOUT À VOTRE SERVICE.

ON NE SE REFAIT PAS.

VRAIMENT ?

SAVEZ-VOUS QUE VOUS ÊTES DÉSAGRÉABLE ?

ÉCOUTEZ, COMIQUE. VOTRE MAGIE, C'EST FARIBOLE, CUISTRERIE ET FARIDONDAINE, ON NE REVIENT PAS LÀ-DESSUS ET COMME JE VOUS DIS ÇA SANS TÉMOIN, RESTONS COURTOIS ET ADMETTEZ QUE VOUS VOUS OFFREZ LA PHYSIONOMIE DES HONNÊTES GOGOS, JE NE VOUS L'AURAI PAS FAIT DIRE ET NOUS RESTERONS AMIS.

HOP ?

VOUS ME RAPPELEZ TRAGIQUEMENT L'HISTOIRE DE CET EXPLORATEUR QUI AVAIT DÉCLARÉ À PEU PRÈS LA MÊME CHOSE À UN DE MES COLLÈGUES JIVAROS, ET QUE TOUT LE MONDE APPELLE "PETITE TÊTE" DEPUIS LORS...

U TO OBOU

APFFRRT. POUR L'INTIMIDATION, VOUS REPASSEREZ, HEIN. CET EXPLORATEUR S'APPELAIT VERMOT, ET LA FARCE FAISAIT DÉJÀ RIRE NOÉ DANS SON ARCHE.

IL FAUDRA TROUVER MIEUX, MON PETIT BONHOMME.

BISQUE BISQUE.

BIEN ENTENDU, NOUS AUTRES, SORCIERS CIVILISÉS, NE NOUS PERMETTONS PLUS D'INFLIGER AUX MALHEUREUX NON-INITIÉS DES TRAITEMENTS TROP HUMILIANTS. NOUS PARTAGEONS L'EXPÉRIENCE, CE QUI ÉLIMINE TOUS CES FASTIDIEUX DOMMAGES-ET-INTÉRÊTS TOUJOURS SI CONTRARIANTS.

BILLEVESÉES

DIS-JE.

BLUFF BLUFF BLUFF.

AH AH.

REGARDEZ-MOI BIEN DANS LES LUNETTES.

CIEL JE CROIS ME SOUVENIR QUE J'AI DE LA SOUPE SUR LE FEU.

ALLEZ AU REVOIR, BLUFFEUR.

VOUS VOYEZ, JE N'AI PAS MARCHÉ.

AH. AH. SALUT.

TROP TARD !

POFF

AAAH! AAAH! AAAH! QUE M'AVEZ-VOUS FAIT? IL Y A EU UN ÉCLAIR, LÀ... ATTENTION, HEIN! C'EST QUE JE PROTESTE, MOI!

SANS ABUSER LOURDEMENT DE VOTRE DÉSARROI, CHÈRE VICTIME, JE VOUS FERAI OBSERVER QUE VOUS VOILÀ DÉJÀ PRATIQUEMENT CONVAINCU...

RASSUREZ-VOUS. AI-JE PEUR, MOI?

MAIS...UNE MINUTE...
VOUS NE M'AVEZ RIEN FAIT DU TOUT, SAPERLIPOPETTE!

JE SUIS INTACT

JE LE SAVAIS!

...CE N'EST PAS MA TÊTE NON PLUS. ELLE EST TOUJOURS AUSSI GROSSE QU'AVANT.

ÇA!...

CHERCHEZ MIEUX.

ET PUIS D'ABORD VOUS M'AVEZ AFFIRMÉ QUE VOUS SUBIRIEZ L'EXPÉRIENCE TOUT COMME MOI. JE VOUS OBSERVE ET JE VOUS VOIS TOUJOURS IDENTIQUEMENT INESTHÉTIQUE. POUDRE AUX YEUX ET RODOMONTADES!

ON PARIE?

RIEN DU TOUT!
J'AI PERDU ASSEZ DE TEMPS COMME ÇA, BATELEUR INOPÉRANT QUE VOUS ÊTES! VOS TOURS DE PASSE-PASSE À LA NOIX, FAITES-LES INGURGITER À D'AUTRES IMBÉCILES QUE MOI...

...PARCE QUE MOI, J'AI LA CHANCE D'ÊTRE **TERRE À TERRE,** MOI!

MONSIEUR!

HOP!

3808

EN CAS DE PRESSION, DEBOUT, TONNEZ...

FOURMIDABLE !

LEFUNESTE, TRÈS CHER ET COOPÉRATIF AMI, SACHEZ QUE LE POIDS DE VOTRE CONCOURS DONNE À LA BALANCE DE MON ESTIME UNE VERTIGINEUSE INCLINAISON.

EN BREF, J'APPRÉCIE VOTRE COUP DE MAIN POUR LA TOILETTE ESTIVALE DE CE JARDIN.

PAS DE QUOI. J'APERCEVAIS CE DÉPOTOIR DE MES FENÊTRES, DONC CE NETTOYAGE PROLONGERA LA VIE DE MES LUNETTES.

ATTAQUONS, TALON !

VOUS M'ENLEVEZ LES MOTS DE LA BOUCHE.

ET QUE ÇA SAUTE.

HOP

AU TRAVAIL.

AH, MAIS !

CLIP CLIP

BOUM

AH AAAH.

UNE, DEUX.

OOOOOOOOHHH MAIS QUE VOIS-JE ICI ?

OOOOH

PAR EXEMPLE.

TSSS.

MAIS QUE C'EST DONC CAPTIVANT, ÇA.

OH LA LA LA LA LA LA.

VOYEZ DONC, CHER ÉQUIPIER, COMME LA NATURE OFFRE AU TRAVAILLEUR ACHARNÉ MAIS LUCIDE DE MERVEILLEUSES COMPENSATIONS QUI ÉCLAIRENT NOTRE DUR LABEUR D'UN SUCCULENT RAYON DE POÉSIE.

J'AI TROUVÉ UN NID DE FOURMIS.

SI, SI. ICI. LÀ. HOP.

ELLES ME PARAISSENT D'AILLEURS SE LIVRER À DES ACTIVITÉS QUI, PEUT-ÊTRE, VAUDRONT UNE COMMUNICATION À L'ACADÉMIE. JE COURS CHERCHER MON MATÉRIEL D'OBSERVATION.

?

NE VOUS DISTRAYEZ PAS POUR MOI, JE SAIS QUE CES NOTIONS INTELLECTUELLES VOUS AGACENT.

PELLETEZ, MON CHER, PELLETEZ, ÇA NE ME DÉRANGERA PAS.

C'EST FASCINANT. LES VIBRATIONS QUE VOUS IMPRIMEZ AU SOL PROVOQUENT DES RÉACTIONS HALLUCINANTES DANS CETTE PETITE MAIS ADMIRABLE COMMUNAUTÉ.

CONTINUEZ À CREUSER, SURTOUT. C'EST POUR LA SCIENCE.

JE VOUS INTÉRESSE POUR MOITIÉ DANS LES DROITS D'AUTEUR DU LIVRE PRODIGIEUX QUI VA NAÎTRE DE CES OBSERVATIONS.

CREUSEZ.

CHCHCHT...

RÉVEILLONS-NOUS! LES MARTIENS SONT LÀ!

AAAAH!

J'AI TOUJOURS SU QU'UN JOUR, ELLE ME VIENDRAIT À POINT, CETTE MINIATURE DE REPRODUCTION D'UNE PETITE TÊTE RÉDUITE DE PYGMÉE NAIN...

DANS CE CAS-CI, C'ÉTAIT MÊME LE RÊVE...

JE FOURMILLE D'IDÉES, MOI!

LAS, SI TERNE ÉTAT SEC...

385A

32

MÊME HORIZON...

JE RELIS ICI LES BANDES DESSINÉES DE MON ENFANCE POURTANT ENCORE TOUTE FRÉMISSANTE, ET LE MARTEAU DE LA NOSTALGIE S'ABAT AVEC UN BRUIT FRACASSANT SUR L'ENCLUME DE MON COEUR STUPÉFAIT.

IL Y AVAIT LÀ-DEDANS DES CHOSES DONT ON A PERDU LE SENS. MÊME L'IMPRESSION N'EST PLUS CE QU'ELLE ÉTAIT. O TEMPORA O MORASSES.

D'AILLEURS, C'EST BIEN SIMPLE, TOUS CEUX QUI S'EN SOUVIENNENT MAIS NE LES ONT PLUS SOUS LA MAIN LES TROUVENT INÉGALABLES, LES BÉDÉS DE CE TEMPS-LÀ... NOUS AUTRES CONTEMPORAINS NE SAURIONS ÉVIDEMMENT PRÉTENDRE AUX MÊMES MÉRITES...

ON FAIT AVEC CE QU'ON A.

PRENONS UN CAS AU HASARD, SIMPLE MAIS FASCINANT : LE MIEN. QUID SI J'EUSSE ÉTÉ MON AÏEUL ET QUE C'EÛT ÉTÉ DANS LA PRESSE D'ANTAN QUE J'EUSSE TRIOMPHÉ ?

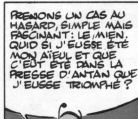

Exemple 1.
BD POPULAIRE
1912.

...Er, s'étant marrés comme cochons devant le dépit du Constipé, Talonard et Funestoche en tombèrent d'accord : -"On aura beau faire et cracher dans l'eau, c'est les gars de Paname qui auront toujours le dernier mot, mon zizi, vu qu'a' la distribution des cogitards, on a joué des coudes et resquillé les meilleures places"... Ils en riaient encore le lendemain.

Exemple 2.
MÊME ÉPOQUE.
BD
DE BON TON,
ÉDUCATIVE.

LA DUCHESSE DE DRÔLE D'ALLURE.

..Ma doué! s'était écrié, en roulant drôlement les r, le brave oncle Talontin. J'en aurai des choses à-z-y raconter à ceux de Perron-les-Palourdes...

...Mais pas avant d'avoir aidé comme je le peux cette bonne Madame la Duchesse, que je soupçonnons bien de se cacher pour pleurer de toutes les misères qu'on lui fait, avec toutes ces contributitions et tout...

Exemple 3.
BD AMUSANTE
POUR TOUTE LA
FAMILLE
(1925).

NOUS SOMMES SAUVÉS!

OH! IL A TOUT COMPRIS, IL NOUS APPORTE DE LA NOURRITURE.

HIHAN.

SAPRISTI

L'otarie resterait désormais l'ami d'Achille et Hilarion qui l'appelleraient Gustave en souvenir de sa forêt tropicale natale. La semaine prochaine: "EN AVANT!"

Exemple 4.
1937
B.D. AMÉRICAINE
D'IMPORTATION.

BONNE CHANCE

TABASCO, C'EST EXTRA.

MERCI

PROPRIÉTÉ POUR LA FRANCE : ÉDITIONS VAN DU.

QUERN'S FÉERIE SYNDICAT

-BONNE CHANCE, CHICHILLE, DIT LE CAPITAINE FENLAPIPE. ET N'OUBLIE PAS : CE BRUTACROC EST DANGEREUX

-JE M'EN CHARGE, DIT CHICHILLE. A NOUS DEUX : BRUTACROC!

© VAL DIZNEUF

DISTRIBUÉ PAR TOPAPA KIKI

LISEZ LE JOURNAL DE CHICHILLE

Exemple 5.
LE HÉROS
INTERNATIONAL
(1938).

Eh bien, mon vieux Bijou, le temps de manger quelques frites, puis nous prenons le tram 5 jusqu'à l'autre bout de Chicago, et de là, en route pour chez les coupeurs de têtes.

Chic! Ils doivent avoir des os dans le nez, ceux-là.

451A

DANS UN
RÉFLEXE,
FUNESTRAKE
FIT UN
GESTE
ET...

BUY
OUR BONDS

LISEZ
VENDREDI

... L'INCROYABLE SE PRODUISIT: QUELQUE CHOSE PÉTA
QUELQUE PART, ET LES SUPER POUVOIRS DE SUPERTALON
(L'HOMME DE BAKÉLITE, VENU DE LA PLANÈTE CROÛTON, VOIR
NOS NUMÉROS 1127 À 2304) CONNUT POUR LA PREMIÈRE FOIS L'ÉCHEC.

DONNGG

Exemple 8. 1949.
L'ÉCOLE BELGE. UN
NOUVEAU STYLE DE
NARRATION.

By Jove.

LE CAPITAINE TALON OUVRIT
LA PORTE ET SCRUTA
L'OBSCURITÉ. LA PIÈCE ÉTAIT
VIDE ET PLONGÉE DANS LA NUIT.
TALON SERRA LES DENTS ET SE
SOUVINT QUE LE SINISTRE
COLONEL OLFUNESTIK ÉTAIT
NYCTALOPE. L'ANGOISSE LE
GAGNA. TOUT ÉTAIT-IL PERDU?

PETITE NOTE
EXPLICATIVE.
—
1949, C'EST AUSSI
L'ANNÉE DE LA LOI
SUR LES PUBLICATIONS
DESTINÉES À LA
JEUNESSE, D'OÙ
L'INDEX DANGEREU-
SEMENT BRANDI À
LA PLACE D'UNE
ARME.

Exemple 9. 1955.
INTERVENTION DES
ENGINS MODERNES.

LA "TALONNE" DONNAIT LE MAXIMUM.
LA RAGE AU VENTRE, ACHILLE, FAISANT
CORPS AVEC SA MACHINE, ÉVALUAIT SON
RETARD... UNE SEMAINE!... SIX JOURS ET
ONZE HEURES... SIX JOUR, DIX HEURES,
TRENTE MINUTES... IL LES
GRIGNOTAIT!

VROARRMR

SJO

KROLL

APRÈS, IL Y EUT BIEN SÛR LES AVIATEURS, LES ASTRONAUTES, PUIS LEURS FILS NATURELS
LES EXPLORATEURS SPATIOFUTUROBOTESQUES, TANDIS QUE LES DÉTECTIVES CONTINUAIENT
À DÉDUIRE AVEC AGITATION. MAIS LÀ, NOUS QUITTONS LE DOMAINE DE LA NOSTALGIE,
ON FINIRAIT, DE FIL EN AIGUILLE, PAR REGRETTER LA PAGE PRÉCÉDENTE...

HAHAH

PLOF

TING!

N'EMPÊCHE
...

...ON NE M'ÔTERA PAS DE
L'IDÉE QU'ILS SE LA COULAIENT
DOUCE, LES HÉROS DE CE
TEMPS-LÀ'... ON NE LEUR
DEMANDAIT PAS COMME À NOUS
D'ÊTRE CONCERNÉS, DOCUMENTÉS,
SOCIO-CULTURO-CONSOMMATIO-
CONSCIENTS... BREF, INTELLIGENTS
...

MAIS BAH! NOUS SOMMES
MALGRÉ TOUT LEURS
HÉRITIERS... NOUS POURSUIVONS
LA TRADITION... SI, SI. ÇA NE
SE REMARQUE PLUS QU'À
DE MENUS DÉTAILS, MAIS
PRENEZ PAR EXEMPLE
UNE FIN DE PAGE...

UN TERRIBLE DANGER
ATTEND, DANS L'OMBRE
NOTRE HÉROS.
ÉCHAPPERA-T-IL À SON DESTIN REDOUTABLE?
NOUS LE SAURONS LA SEMAINE
PROCHAINE. PETITS AMIS, NE
MANQUEZ PAS NOTRE PROCHAIN
NUMÉRO.

BOF...

À SUIVRE.

454B

DE CE QU'IL ALLAIT TAIRE NAIT L'IDÉE...

Le bon Achille passe ses vacances à la campagne chez sa mémé. Il va se laver les mains pour goûter. Le méchant Alcide lui cherche vilainement une grossière querelle.
Alcide : — OUH! J'AIMONS POINT LES PARISIENS (il jure).
Achille : (maître de lui) — PASSEZ VOTRE CHEMIN, RUSTRE.

Alcide (rudement) — NON POINT, NOT' MAÎTRE, ET JE M'EN ALLIONS VOUS DONNER UN COUP. (Jurons et grossièretés.)
Achille (piqué) — SI MA BONNE ÉTAIT LÀ, ELLE M'ENJOINDRAIT DE NE PAS RÉPONDRE ET D'ALLER BOIRE MON CHOCOLAT, MAIS JE CROIS BIEN QUE JE VAIS FRAPPER CE VILAIN PAYSAN.
(Il rougit).

Alcide (irrespectueux) — LES GENS DU CHÂTEAU SONT DES SOTS.
Achille (en colère) — AH! C'EST AINSI! EH BIEN, MON PETIT MONSIEUR, VOILÀ DES PAROLES QUE JE NE SAURAIS TOLÉRER CAR MADAME MA MÈRE EN EST ÉCLABOUSSÉE. (oubliant son rang, il frappe le petit malotru). VOILÀ!

LA VACHE CAMPAGNARDE (mécontente) — BÊÊH.
Alcide (en larmes) — AÏE! HOULA! AÏE! AÏE!
Achille (s'étant repris) — JE ME SOUVIENDRAI DE CETTE GRANDE LEÇON, CAR JE VOIS BIEN ICI QUE LES VILAINS MOTS ATTIRENT UNE SÉVÈRE PUNITION, ET MON CHOCOLAT VA REFROIDIR.

KELKRAKE FIT UN GESTE, ET...

DWAOONG

DEUX PROBLÈMES RÉSOLUS EN UN. VOIS-TU, GROLAR, L'INTELLIGENCE SUPÉRIEURE ET L'ESPRIT D'INITIATIVE TRIOMPHENT TOUJOURS DE LA BÊTISE BRUTALE ET DE L'INDISCIPLINE. SOUVIENS-TOI-Z'EN ET EN ROUTE POUR DE NOUVELLES AVENTURES.

?

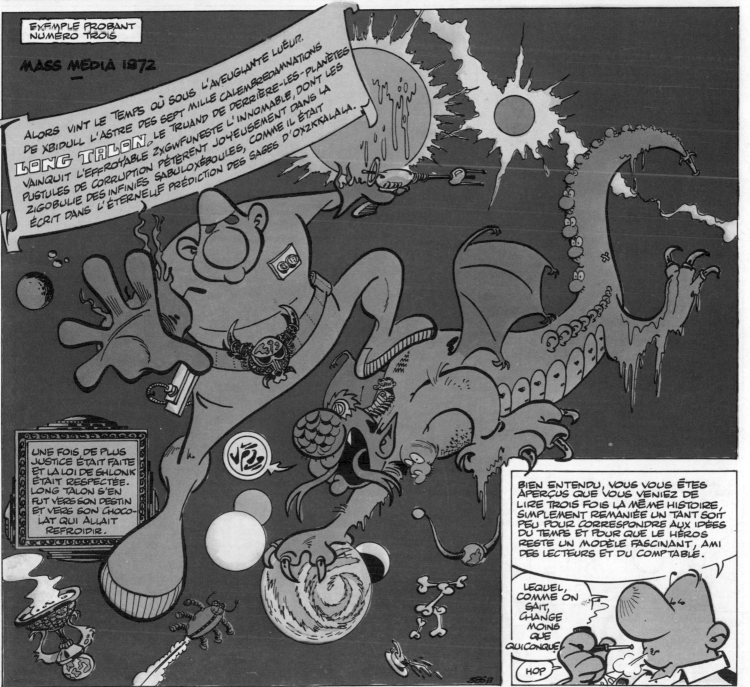

EXEMPLE PROBANT NUMÉRO TROIS

MASS MEDIA 1972
—

ALORS VINT LE TEMPS OÙ SOUS L'AVEUGLANTE LUEUR DE XBIDULL L'ASTRE DES SEPT MILLE CALEMBREDAMNATIONS LONG TALON, LE TRUAND DE DERRIÈRE-LES-PLANÈTES VAINQUIT L'EFFROYABLE ZXGWFUNESTE L'INNOMABLE, DONT LES PUSTULES DE CORRUPTION PÉTÈRENT JOYEUSEMENT DANS LA ZIGOBULIE DES INFINIES SABULOXÉBOULES, COMME IL ÉTAIT ÉCRIT DANS L'ÉTERNELLE PRÉDICTION DES SAGES D'OXZKKALALA.

UNE FOIS DE PLUS JUSTICE ÉTAIT FAITE ET LA LOI DE SHLONK ÉTAIT RESPECTÉE. LONG TALON S'EN FUT VERS SON DESTIN ET VERS SON CHOCO-LAT QUI ALLAIT REFROIDIR.

BIEN ENTENDU, VOUS VOUS ÊTES APERÇUS QUE VOUS VENIEZ DE LIRE TROIS FOIS LA MÊME HISTOIRE, SIMPLEMENT REMANIÉE UN TANT SOIT PEU POUR CORRESPONDRE AUX IDÉES DU TEMPS ET POUR QUE LE HÉROS RESTE UN MODÈLE FASCINANT, AMI DES LECTEURS ET DU COMPTABLE.

LEQUEL, COMME ON SAIT, CHANGE MOINS QUE QUICONQUE.

HOP

JAMAIS SI BEAU NEZ
N'EUT FARD...

OH! LE SUPERBE TROU!

ÇA, POUR UN BEAU TROU, C'EST UN BEAU TROU!

ALORS.

SAVEZ-VOUS, LEFUNESTE, QUE DEPUIS L'ENFANCE, JE N'AI JAMAIS PU RESISTER A' UN TROU DE BON FORMAT DANS UNE PALISSADE ? INNOCENTE PETITE MANIE QUI M'ENCHANTE ENCORE, DANS SA FRAÎCHEUR PUÉRILE, ET A' LAQUELLE JE ME LIVRE TOUT DE GO! AH! AH! AH!

HOP.

MAIS... HÉ! HON HEZ! HON HEZ EST HOINCÉ!

ÇA!... INDUBITABLEMENT, CE N'EST PLUS LE NEZ DE VOS DIX ANS, TALON. A' PART UN OBUS DE 75, PLUS RIEN NE PEUT VOUS FOURNIR DE TROU A' VOS MESURES...

VOUS VOUS ÊTES FAIT MOUCHER, LA'...

AU HECOURS, LEHUNESTE.

C'EST BIEN PARCE QUE C'EST VOUS. RESTEZ OÙ VOUS ÊTES, JE VAIS CONTOURNER CETTE PALISSADE ET VOIR SI ON PEUT DÉGAGER...

HAITES HITE!

ON PEUT!

PAF

ÇA HA MIEUX MAIS HE HUIS TOUHOURS HOINCE.

PATIENCE, QUE DIABLE. A' PRÉSENT, LA SUITE DE L'OPÉRATION RELÈVE D'UN PROFESSIONNEL. ALTERNATIVE: MENUISIER OU CHIRURGIEN?

DE TOUTES FAÇONS, C'EST L'ABLATION.

SAVEZ-VOUS QU'A' BIEN Y REGARDER, VOUS AVEZ LA NARINE HIDEUSE, TALON?

ET HOMMENT IRAI-HE CHEZ UN HENUISIER? HE N'Y HOIS RIEN. HE NE RETROUHE MÊME PLUS HON CHAPEAU!

LE VOILA'...ET SI J'AI BIEN VU, IL Y AVAIT PAR LA' L'OUTIL QUI...OUI!

AHHENHION, IMBÉHILE! OU HE N'Y VERRAI PLUS DU TOUT!

C.CRRRRRRR

VOUS ÊTES D'UN INGRATITUDE CONGESTIONNANTE. JE SUIS LA' A' M'ESQUINTER A' L'OEIL, ET VOUS ME TIREZ LA TÊTE! ON AURA TOUT VU.

NE BOUGEZ PAS, JE CROIS QUE J'ATTEINS LES COUCHES MOLLES.

389A.

39

IL HAIT CES P'TITS HICS...

... BULLETIN DU TEMPS. BEAU CIEL DÉGAGÉ SUR TOUT LE PAYS, VENT DOUX DU SUD, AMÉLIORATION CERTAINE SAUF LE RISQUE TOUJOURS POSSIBLE DU GESTE MALHEUREUX...

KÉCARLOPE I

ALLO! ALLO! BALLON D'OBSERVATION NUMÉRO 222... QU'EST-CE QU'IL FAIT BEAU, LES ENFANTS! JAMAIS VU UN CIEL SI BLEU EN DIX ANS D'ASCENSION... POURVU QU'IL N'Y AIT PAS DE GESTE MALHEUREUX...

OUAIS MON P'TIT GARS. ÇA FAIT SOIXANTE-CINQ ANS QUE C'T'ORTEIL-LÀ, IL S'ÉTIONT POINT TROMPÉ. LÀ COMME TU LE VOIS, LA CHOSE EST SÛRE: Y AURA POINT UNE GOUTTE DE PLUIE AVANT SAMEDI, POUR PEU QUE ÇA SOYE POINT MODIFIÉ PAR UN GESTE MALHEUREUX...

OH, DIS DONC! ILS ANNONCENT DU BEAU TEMPS JUSQU'À LA FIN DE LA SEMAINE...

BHEUOARF. CES TRUCS-LÀ, HEIN... À LA MERCI DU GESTE MALHEUREUX, ALORS...

WONDERFUL! SPECTACLE INOUBLIABLE, BOYS. VUE MAGNIFIQUE, PAS UN NUAGE AUTOUR DE LA VIEILLE BOULE. DITES À RICHARD QU'IL PEUT SE FAIRE SERVIR LE CAFÉ SUR LA PELOUSE, IL FERA SPLENDIDE. NOUS ALLONS NOUS-MÊMES FAIRE QUELQUES PAS DEHORS...

... EXCEPT FOR THE DAMNED CRAZY POSSIBILITY OF A GESTE MALHEUREUX, OF COURSE...

STATION MÉTÉO FLOTTANTE BALISE 817... BEAU TEMPS PERSISTANT, AUCUN CHANGEMENT À PRÉVOIR, MÊME LE MAZOUT N'A PAS UN FRÉMISSEMENT... FAUDRAIT PAS QU'IL Y AIT UN GESTE MALHEUREUX...

AGITATION RIDICULE HOMME-MÉDECINE VOULOIR DIRE ÇA VA SE GÂTER?

OH LA LA NON, MON SACHEM! GRANDE MAGIE FORMELLE, ON VA ENCORE POUVOIR SE DORER LE NOMBRIL UN BON MOMENT... PÂLE STUPIDE ESPRIT PAR GESTE À PART SI VISAGE INDISPOSE GRAND MALHEUREUX!

41

LE DOUBLE VOLE, HUM!...

LEFUNESTE, VOUS M'EXASPÉREZ.

AVEC VOTRE AIR BÊTE.

ET PRÉTENTIEUX.

VOUS ÊTES LÀ À RICANER STUPIDEMENT COMME SI QUARANTE ANNÉES DE DÉPLORABLE INEFFICACITÉ N'AVAIENT PAS ENTAMÉ VOTRE MORAL.

PERFORMANCE ÉTONNANTE MAIS QUI, VOUS L'AVOUERAI-JE, À UN CÔTÉ LASSANT.

EH SI.

IL N'EST MÊME PLUS NÉCESSAIRE QUE VOUS OUVRIEZ LA BOUCHE, LEFUNESTE: TOUT DANS VOTRE ATTITUDE TRANSPIRE LA VANITÉ. VOUS ÊTES SI DÉSAGRÉABLE À REGARDER QUE ÇA EN DEVIENT FASCINANT! VOUS IRRADIEZ À CE POINT LA SUFFISANCE QU'ON A L'IMPRESSION DE VOIR VOTRE TÊTE ENFLER À VUE D'ŒIL, MON PAUVRE AMI!

VOUS VOUS GONFLEZ DES VAPEURS DE LA MÉGALOMANIE COMME LES GENS NORMAUX FONT DE L'AÉROPHAGIE!

UN PETIT SÉJOUR CHEZ LES JIVAROS, VOILÀ VOTRE SEULE CHANCE!

ATCHOUM!

ALAMBIC, C'EST ÉPOUVANTABLE ! NOTRE CHICHILLE A CHOPÉ LE RHUME DU SIÈCLE ! LUI QUI DOIT DONNER SA CONFÉRENCE DEVANT CES MESSIEURS A' TROIS HEURES !

DAMNATION !

EH HEN LA', HES ENHANTS, HE SUIS 'HRAIS.

SNIFFH

H'AI UN RHUBE.

SHNURIEN A' FAIRE ! PWARPSCHNZHF. CHNA FAIT DEUX MOIS QUE JE FNFZHCHPRÉPARE CETTE CAUSERIE, PAS CHNQUESTION DE BZURFRENONCER.

SCHNRFFH

PZHCHTENIR BON !

SNFZJHF.

NE NOUS LAISSONS PAS ABATTRE, CHICHILLE ! TU VAS VOIR, CE PETIT ENCOMBREMENT DISPARAÎTRA COMME MENUE MONNAIE AU SOLEIL DU FISC, QUAND TU AURAS INGURGITÉ CE THÉ MIRACULEUX DONT JE TIENS LA RECETTE DE NOTRE CHÈRE TANTE TOXICOLE.

POUDRE A' CANON, AMMONIAQUE, AMMANITE ET QUELQUES HERBES AROMATIQUES DIVERSES.

GLURCHSNF ?

ÇA SE BOIT D'UNE LAMPÉE SANS RESPIRER ET SANS ORGANISER DE CONSULTATION POPULAIRE CHEZ LES VIRI FILTRANTS.

GLOUBSHNF.

ÇA C'EST UN BON FILS, ÇA.

JE TE LAISSE LE POT.

* — BOUM

TALON, J'APPRENDS QUE VOUS AVEZ UN INCONVÉNIENT ET QUE VOUS DEVEZ TENIR LE COUP... CHUT! HOP! N' ÉBRUITONS RIEN : MÉDICAMENT SUD-AMÉRICAIN STRICTEMENT INTERDIT SAUF ORDONNANCE PERSONNELLE DU MINISTRE... AVALEZ-MOI ÇA SANS RIEN DIRE, LE PROBLÈME EST RÉSOLU.

MOTUS.

PRENDS ÇA EN CONFIANCE, MON FILS A'MOI. TA CONFÉRENCE, C'EST COMME SI JE L'AVAIS FAITE MOI-MÊME!... ALLEZ, HOP: TU FAIS PASSER AVEC UNE PETITE BIÈRE ET TU ES UN AUTRE HOMME ...

CES CACHETS ONT REQUINQUÉ DES BATAILLONS DISCIPLINAIRES ENTIERS !

ON SAVAIT VIVRE !

TOUT ÇA C'EST TRÈS BIEN MAIS MOI JE NE FAIS ZCHNNZZHFCONFIANCE QU'AUX REMÈDES TRADI-TIONNELS. RESTONS SAIN !

SNCHRFH.

EFFCHNICACITÉ D'ABORD.

ON TRINQUA : MINE NUIT...

NE RECULONS DEVANT RIEN!

HOP!

DING DING DING

GRATUITEMENT ET EN SUPPLÉMENT, VOICI NOTRE...

TABLE des MATIÈRES